Selbstverteidigung

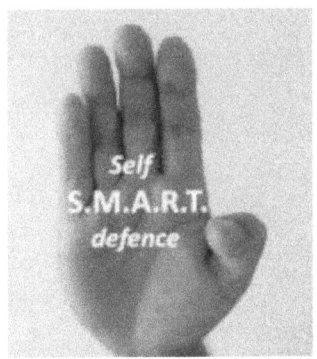

Selbstverteidigung
mit
Alltagsgegenständen

Band 2

Flüssigkeiten, Gase,
harte und flexible
Gegenstände
+
Pfeffer -Spray /-Pistole
Elektroschocker

S.M.A.R.T.
S. =Softskills **M.** =Min/Max-Prinzip
A. =Aufmerksamkeit
R. =Reflexe **T.** =Techniken

Alle Rechte vorbehalten
Dieses Werk ist urheberrechtlich geschützt einschließlich aller seiner Teile. Jede Verwertung, insbesondere Nachdruck oder Kopien, außerhalb des Urhebergesetzes ist ohne Zustimmung des Verfassers und Verlages unzulässig und strafbar. Das gilt insbesondere für die Vervielfältigung, scannen, Mikroverfilmung sowie für die Speicherung und Bearbeitung auf Computersystemen.
Copyright 2016 Norbert Stolberg, Richardstr.20, 40231 Düsseldorf

Internet: www.smartdefence.de   e-Mail: nst@smartdefence.de
Darsteller der Bilderserien: Rita Bonaccorso Stolberg, Sabrina Stolberg, Norbert Stolberg

Herstellung und Verlag:
BoD - Books on Demand, Norderstedt, 3. Auflage 2016

ISBN 978 373 579 2624

Bibliografische Information der Deutschen Nationalbibliothek: Die Deutsche Nationalbibliothek verzeichnet diese Publikation in der Deutschen Nationalbibliografie;
detaillierte bibliografische Daten sind im Internet über dnb.d-nb.de abrufbar.

Inhaltsverzeichnis

1.	VORWORT	4
2.	EINLEITUNG	5
3.	AUFMERKSAMKEIT	6
4.	DISTANZEN	8
5.	PASSIVE VERTEIDIGUNGSSTELLUNGEN	12
6.	KÖRPERZIELE	17
7.	ALLTAGSGEGENSTÄNDE ZUR SELBSTVERTEIDIGUNG	21
7.1	richtige Handhabung	23
7.2	Flüssigkeiten, Sprays	25
7.3	feste kleine Gegenstände	27
7.4	feste große Gegenstände	34
7.5	flexible Gegenstände	37
8.	VERTEIDIGEN MIT ALLTAGSGEGENSTÄNDEN	40
8.1	schlagen	41
8.2	würgen	42
8.3	umklammern	44
8.4	festhalten	46
8.5	Waffen	47
8.6	Übungen	51
9.	PFEFFER -SPRAY/ -PISTOLE, ELEKTROSCHOCKER	52
9.1	Pfefferspray und CS-Gas Spray	56
9.2	Gaspistole/Revolver	59
9.3	Elektroschocker	61
10.	NOTWEHR	63

1. Vorwort

Bei der Selbstverteidigung wird meistens vorausgesetzt, dass der Verteidiger unbewaffnet ist. Das gilt auch für Situationen in denen der Angreifer bewaffnet ist. Dies spiegelt sich auch in entsprechenden Selbstverteidigungskursen oder SV -Systemen wieder. Dort werden überwiegend Techniken gelehrt wie man sich unbewaffnet, gegen einen Aggressor verteidigt.

Jeder der sich einmal in einer realen Notsituation befunden hat und sich verteidigen musste weiß, dass alles oft sehr schnell geht. Wer zuerst einen Wirkungstreffer erzielt, hat den Kampf in den allermeisten Fällen auch gewonnen. (*Ausnahmen bei Alkohol oder Drogenkonsum*).

Der "Normalbürger" steht bei einer Bedrohung oder einem Überfall unter höchster Anspannung (*Angst, Adrenalin, Blackout*). Es handelt sich eben nicht um eine Trainingssituation oder einen sportlichen Wettkampf. Es geht um die Gesundheit oder das eigene Überleben.

Wenn sich in einer solchen Situation die Möglichkeit bietet, seine eigenen Chancen durch Verwendung eines geeigneten Alltagsgegenstandes (ATG) zu verbessern, dann wäre es dumm, diese Chance nicht zu nutzen.

Unglücklicherweise erkennen die meisten Menschen eine solche Chance aber nicht, weil sie sich nie wirklich damit befasst haben.

Sie sehen es nicht und es fehlt ihnen die Phantasie sich vorzustellen, wie man das Smartphone, ein Lineal, die Geldmünzen in der Hosentasche oder den Kalender einsetzen könnte, um sich zu verteidigen. Das nächste Problem ist die richtige Handhabung. Es macht wenig Sinn, mit einer leeren Wasserflasche aus Plastik einem Angreifer auf den Kopf zu schlagen. Genauso wichtig ist aber auch, wo ich den Angreifer attackiere. Im Beispiel der Wasserflasche wäre eine Möglichkeit sie unten zu fassen und mit dem oberen Ende zum Hals zu stoßen.

Es geht in diesem Buch also nicht nur darum, was man alles einsetzen kann an Alltagsgegenständen um seine Verteidigung zu optimieren. Wichtig ist auch zu wissen, wie ich einen Alltagsgegenstand richtig handhaben muss, um eine maximale Wirkung zu erzielen. Und gegen welche Körperstellen kann/muss ich ihn einsetzen. Am Körper erzielen Sie mit einem Strohhalm keine Wirkung, im Auge schon. Letztlich ist es wie bei einem Werkzeug. Setzen Sie es falsch ein, erhalten Sie auch nicht das gewünschte Ergebnis

2. Einleitung

Nahezu jeder Gebrauchsgegenstand des täglichen Lebens, kann als "Waffe" verwendet werden, in einer Notsituation. Sie können diesen nutzen um einen Angreifer zu verwirren/abzulenken, zu „schocken", aber natürlich auch um ihn massiv zu verletzen. Letztlich hängt dies von dem verwendeten Gegenstand und ihrem Wissen ab.

Flaschen, Gläser, Teller, Aschenbecher, Stühle, Mülleimer, Werkzeuge, Holzstücke, Steine usw.

Alle diese Gegenständeeignen sich, um damit zu schlagen, zu stoßen oder zu werfen. Um aber überhaupt Alltagsgegenstände als "Waffe" einsetzen zu können, müssen Sie auch "erkennen", dass dieser Gegenstand ihnen bei der Selbstverteidigung hilfreich sein könnte.
Bei einer Schere, einem Hammer oder dem klassischen Küchenmesser, erkennt wahrscheinlich jeder das Potential. Bei einem Löffel, einem Teller, einem Buch oder einem Notebook wohl eher weniger.

Die anderen Bücher der Serie behandeln die folgenden Themen:
- Band 1: Selbstverteidigung beginnt im Kopf (Kampfpsychologie)
- Band 2: Selbstverteidigung mit Alltagsgegenständen
- Band 3: Selbstverteidigung gegen würgen, umklammern, greifen
- Band 4: Selbstverteidigung gegen boxen, schlagen, treten
- Band5: Selbstverteidigung gegen Waffen (*Messer, Stock, Schusswaffe*)
- Band 6: Selbstverteidigung für Frauen
- Band 0: Selbstverteidigung präventiv, effektiv, offensiv, realistisch

3. Aufmerksamkeit

Aufmerksam zu sein bedeutet, bewusst und unbewusst seine Umgebung wahrzunehmen. Zu erfassen, was sich verändert hat und vor allem zu registrieren, wo Personen sind und wie sie sich verhalten. Das gilt grundsätzlich für jedes Umfeld, egal ob es sich um eine Straße, Kneipe, Bahnhof, öffentliche Plätze oder Veranstaltungen handelt.
Das Ziel muss es sein, kritische Objekte (*Tunnel, Gebüsch, Eingänge usw.*), verdächtige Personen/potenzielle Angreifer, mögliche Komplizen, Waffen, verdeckte Waffen und Fluchtwege, frühzeitig wahrzunehmen. Natürlich nicht nur unmittelbar vor Ihnen, sondern möglichst in allen Richtungen.
Je früher Sie potenzielle Bedrohungen wahrnehmen, desto mehr Zeit haben Sie, Ihr Verhalten anzupassen und dementsprechend zu reagieren. Präventiv tätig zu werden. Damit vermeiden Sie ein bedachtloses „hineinstolpern", in eine gewalttätige Auseinandersetzung.

Blickfeld
Natürlich können Sie nicht ständig den Kopf im Kreis bewegen, um pausenlos die Umgebung oder einen Raum zu beobachten. Das ist aber auch nicht nötig. Viele Menschen laufen aber mit einem Tunnelblick durch die Gegend.
Sie scheinen Scheuklappen zu tragen und sehen durch diesen entstehenden Tunnelblick nur das, auf was sie sich im jeweiligen Moment konzentrieren.
Ein gesundes, menschliches Auge hat einen Blickwinkel von bis zu 200 Grad. Setzen Sie sich ruhig hin, schauen entspannt nach vorne und bewegen Ihren Zeigefinger in Kopfhöhe, von hinten nach vorne. Sie werden erstaunt sein, wie früh Sie diesen wahrnehmen.
Wie vieles andere, ist das eine Übungssache. Versuchen Sie es eine Zeit lang und Sie werden Ihre Umgebung, besser und bewusster erleben. Sie reduzieren Ihren toten Winkel. Dadurch wird es viel schwieriger, Sie zu überraschen. (*Wenn Sie ins Auto einsteigen wollen, auf den Bus warten usw.*)

Ablenkung
Hier geht es um ein sich aufbauendes, oder schon reales Bedrohungsszenario. Ablenkung wird gezielt zur Täuschung eingesetzt, um Sie unerwartet angreifen zu können.
Alles was möglich ist wird verwendet, um jemanden abzulenken wie: Sprache, Geräusche, Bewegungen, Handlungen oder auch Kombinationen davon. Die Schwierigkeit ist die Bewertung, ob es eine Ablenkung oder doch nur eine zufällige Bewegung ist.
Ist es nur eine unbedeutende Bewegung, so passiert auch nichts, und Sie sind nicht gezwungen etwas zu unternehmen. Wenn aber doch, so sind Sie vorbereitet und können reagieren. Das Ziel der Ablenkung ist, dass Sie sich auf diese „Aktion" fokussieren und nicht mitbekommen, dass Sie gerade bestohlen werden, KO Tropfen in Ihr Getränk geschüttet werden, wie Ihr Gegner zum Schlag ausholt, eine Waffe zieht, oder einen Gegenstand als Waffe einsetzen will.
(*Aschenbecher, Glas, Stuhl, Flaschen usw.*) Aber auch, wie mögliche Mittäter sich positionieren. Hier hilft nur, was ich oben unter Blickfeld beschrieben habe: Vermeiden Sie den Tunnelblick, nutzen Sie das gesamte Gesichtsfeld und achten Sie auf die Distanz. Einige Beispiele für mögliche Ablenkungen:

- der potentielle Gegner stellt einen Gegenstand so vor Ihnen ab
- kratzt sich am Kopf, Körper, Greift sich in die Haare, greift zur Mütze, Baseballkappe oder der Zigarette
- bewegt seine Hände zur Hüfte, Hosentasche oder gestikuliert mit den Händen
- verdreht den Oberkörper, bewegt die Schultern
- verändert seine Distanz, kommt also näher
- ruft jemand anderem etwas zu
- provozierende Sprüche

Generell ist alles was jemand tut, der Sie bedroht, verdächtig. Lassen Sie sich also nicht blenden, sondern beachten Sie was er wirklich tut. Mit entscheidend, ob ein Ablenkungsmanöver erfolgreich sein wird, ist die Distanz, die der Angreifer zu Ihnen hat.

4. Distanzen

Viele Dinge sind wichtig zu wissen und zu beachten, um sich erfolgreich verteidigen zu können. Der Beachtung der Distanz kommt aber eine besondere Bedeutung zu. Je näher ein potenzieller Angreifer an Ihnen dran ist, umso schwieriger wird es für Sie, sich vorzubereiten, einen Angriff zu erkennen und zu reagieren. Deshalb gilt grundsätzlich: je größer der Abstand umso besser.

kurze Distanz (Körperkontakt bis ca. 30 cm Abstand)
Angriffe: Kopf, Ellenbogen, Haare, Würger, Klammern, Fassen, Knie, Waffen.
In einer Bedrohungssituation ist diese Distanz auf gar keinen Fall akzeptabel.

Wenn Sie in dieser Distanz angegriffen werden, ist es nur noch schwer möglich zu reagieren. Vermeiden Sie unbedingt, dass jemand so nah an Sie herankommen kann. Gehen Sie weg, benutzen Sie etwas als Abtrennung usw.

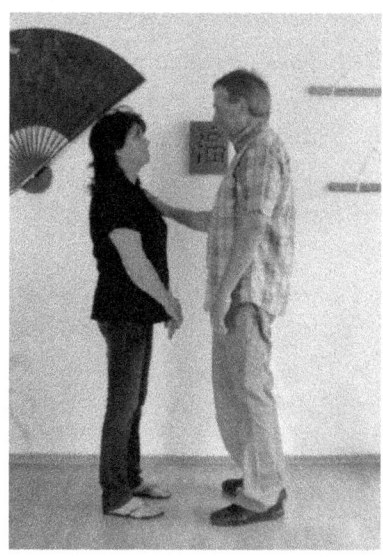

mittlere Distanz (30 cm bis ca. 80 cm, etwas mehr als Armlänge)
Angriffe: Kopf, Schwinger, gerade Stöße, Hände, Knie, Schienbein, Waffen.

Wird auch als „Infight" (*Boxen*) oder „Intimdistanz" bezeichnet. Gespräche zwischen Freunden, Familie und guten Kollegen.

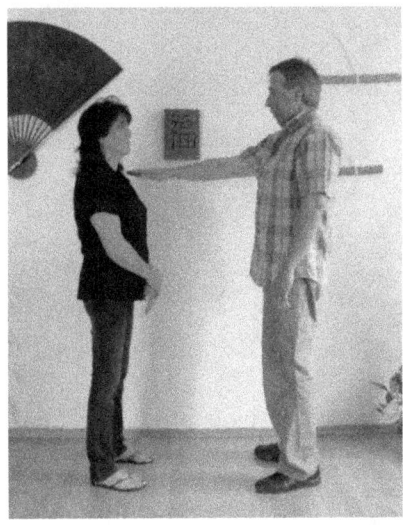

Bitte beachten Sie, dass der Gegner sich durch einen kurzen Schritt in Nahkampf- Distanz befindet und Sie durch Klammern oder eine Wurftechnik schnell zu Boden bringen kann.

Die meisten Schlägereien starten in der mittleren Distanz. Bei Personen die sich nicht gut kennen, wird diese Distanz meist als unangenehm empfunden. Zu beachten ist auch, dass Südeuropäer da anders empfinden. Dort ist es üblich sich in der mittleren Distanz sich unterhalten oder auch zu streiten.

lange Distanz (80 cm **bis** ca.150 cm)
Angriffe: Fußtritte, Sprungtritte, Drehtritte, Gegenstände werfen, Waffen.

Gewöhnliche Entfernung zwischen Menschen, die sich unterhalten und nicht kennen. Sie fühlen sich sicher in dieser Distanz.

Hier können Sie böse überrascht werden, wenn Sie sich „noch sicher" fühlen, aber dann plötzlich mit einer schnellen Tritttechnik angegriffen werden.
Nicht nur große Menschen greifen so an. Der Vorteil bei dieser Distanz ist, das Sie auf jeden Fall mehr Zeit haben zu reagieren, als bei den anderen Distanzen. Wenn Sie aufmerksam sind, haben Sie auch gute Chancen zum kontern.

Erkenntnis:
Die Distanz zum Gegner ist fundamental wichtig und bestimmt ob Sie überhaupt und wenn ja, wie reagieren können. Sie entscheidet über mögliche Abwehr- und Angriffstechniken. Hierbei ist es entscheidend, dass Sie nicht völlig überrascht wurden und den Angriff erwartet oder wenigstens für möglich gehalten haben.

Versuchen Sie die Distanz zu bestimmen und gehen Sie nicht davon aus, dass der Gegner Sie in einer bestimmten Art und Weise angreifen wird.

Ein Beispiel dazu: Ich beobachtete mehrfach wie jemand von kleinerer Statur sich gerne größere Opfer aussuchte. Er gelang ihm immer auf mittlere Distanz an seine Opfer heran zu kommen, weil er natürlich unterschätzt wurde. Er sprang dann hoch, griff mit beiden Händen in die Haare seines Opfers, riss sie mit seinem Körpergewicht nach unten und rammte ihnen dann sein Knie ins Gesicht, natürlich mehrfach.
Seien Sie also mit allen Merkmalen der verschiedenen Distanzen vertraut. Dringt jemand in Ihren mittleren Distanzbereich ein, so müssen Sie reagieren und haben dazu folgende Alternativen:

- Sie weichen ohne Hektik aus oder gehen zurück
- Sie sagen „Stopp, das ist mir zu nah"
- Sie greifen an

Für welches Verhalten Sie sich entscheiden ist absolut davon abhängig, wie Sie die Situation oder Bedrohung einschätzen.

5. Passive Verteidigungsstellungen

Wieso gibt es jetzt hier ein Kapitel „Verteidigungsstellungen"? Es geht um Distanzen, wie ja soeben beschrieben. Werden Sie bedroht und der Aggressor nähert sich Ihnen, so wird Ihre Angst wahrscheinlich zunehmen. Sie wissen nicht was Sie tun sollen.

Da hilft es enorm, wenn Sie sich in eine Position bringen können, die Ihnen mehr Schutz bietet. Gleichzeitig dem Aggressor aber signalisiert, dass Sie ihm zuhören und keine körperliche Auseinandersetzung suchen. Ohne dabei in ein devotes Verhaltensmuster zu verfallen.

Oben steht „*passive...*". Bedeutet, Sie wirken nicht drohend oder aggressiv. Dieses wäre eher bei einer aktiven Verteidigungsstellung der Fall. Kennen Sie sicher aus diversen Actionfilmen, wenn die Kontrahenten in Position gehen um dem anderen zu zeigen wie gefährlich sie sind.

Die Kampfsportler unter meinen Lesern werden schnell erkennen, dass diese pVSt es ermöglicht, sich sehr gut gegen Angriffe zu schützen. Sie es aber auch ermöglichen unerwartet und schnell zu kontern oder anzugreifen.

Sollten Sie Techniken beherrschen um sich zu verteidigen, dann darf der Angreifer dies erst dann bemerken, wenn er getroffen wurde. Wollen, müssen Sie sich verteidigen, dann ist der Überraschungsmoment alles entscheidend. Das gilt ganz besonders wenn Sie einen ATG verwenden wollen. Zeigen Sie zu früh Ihre Karten, verringern Sie Ihre Chancen ganz erheblich. Im ungünstigsten Fall zieht der Angreifer eine Waffe und benutzt diese dann gegen Sie.

- *Versuchen Sie sich so zu stellen, dass Sie einen möglichen*
- *Fluchtweg leichter erreichen können*
- *Vermeiden Sie, dass Personen die Sie nicht kennen, sich*
- *hinter Ihnen befinden, oder sich hinter Ihnen aufstellen*
- *Eine Wand im Rücken ist nicht unbedingt die beste Wahl, da*
- *Sie in Ihren Bewegungen nach hinten eingeschränkt sein*
- *können*

Mit einer pVSt können Sie, je nach Ausführung und wie Sie sich bewegen unterschiedliche Eindrücke hervorrufen: Sie zeigen Interesse, Sie beobachten aufmerksam, Sie hören zu, Sie wollen beruhigen oder verhandeln. Grundsätzlich gilt für alle passiven Verteidigungsstellungen:

- Kinn nach unten, um den Kehlkopf zu schützen
- Ober-/Unterkörper leicht weggedreht vom Gegner
- Arme vor dem Körper
- Stabiles Gleichgewicht
- Hohe Aufmerksamkeit.
- Atmung kontrollieren.
- Distanz beachten.
- Aufmerksamkeit

Der Gegner darf nicht erkennen, dass Sie sich auf eine mögliche Flucht/Angriff vorbereiten. Deshalb muss Ihre Position neutral bis defensiv erscheinen. Nur so können Sie ihn überraschen. Auch vermeiden Sie so den potentiellen Angreifer und andere zu provozieren.

pVSt: *Hände übereinander*

Hände aufliegend auf Ihrem Unterleib. Hand zum Gegner liegt oben. Sie wirken entspannt und ruhig. Bietet sich an, wenn Ihr Gegenüber 1 m oder weiter weg entfernt steht.

pVSt: Arme übereinander

Arme vor dem Solarplexus. Arm zum Gegner liegt oben, Hände offen. Sinnvoll wenn Ihr Gegenüber näher kommt, ab 1 m.
Sie wirken immer noch konzentriert, schützen Ihre Mitte und können auch schnell Ihre Arme, zum abwehren in alle Richtungen bewegen, ohne sich zu blockieren.

pVSt: Hand am Kinn

Kinn aufgestützt auf Ihrer Hand. Zum Gegner gerichtet. Der andere Arm liegt vor dem Körper in Höhe des Solarplexus. Alternativ liegt die Hand an der Wange oder am Ohr an.

Unterschreitet Ihr Gegenüber den Abstand einer Armlänge so ist diese Position 1. Wahl. Sie wirken aufmerksam, passiv.
Sie haben aber die Chance, auch noch aus dieser kurzen Distanz heraus, Angriffe zum Kopf abzuwehren und sich zu schützen.

pVSt: Hände oben

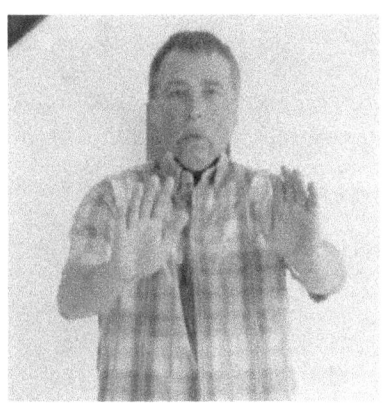

Die Arme in Brusthöhe mit offenen Handflächen zum Gegner und beschwichtigend mit dem Angreifer reden.

„Was ist los?", „Was soll das?", „gestikulieren"

gestikulieren

Bewegen Sie die Hände. Das hilft auch schneller zu reagieren. Wenn möglich, bewegen Sie sich leicht hin und her. Ihre offenen Hände symbolisieren:
„bleib weg", „ich bedrohe dich nicht", „ich bin nicht bewaffnet".

Wichtig ist bei allen Positionen,. Immer eine aufrechte Körperhaltung.
Sie wissen inzwischen, Körpersprache und Stimme wirken primär auf Ihr Gegenüber. Sie reden beim ausatmen und in einfachen Worten und eher laut als leise.

6. Körperziele

Welche Stellen des menschlichen Körpers versprechen die beste Trefferwirkung unter dem Gesichtspunkt „Kampfunfähigkeit" und ermöglichen eine einfache und sichere Ausführung, um das Ziel mit entsprechender Wirkung zu treffen.

> - Kampfunfähig bedeutet, dass der Angreifer:
> - Starke Schmerzen hat, die ihn kurzfristig davon abhalten weiter anzugreifen, sodass Sie weitere Techniken anwenden, oder aber fliehen können.
> - So starke Schmerzen oder Atembeschwerden hat, dass er nicht mehr kämpfen kann, nicht mehr sehen kann oder er zeitweise paralysiert ist.
> - Er die Arme oder Hände nicht mehr bewegen kann, nicht mehr laufen kann weil Knochen oder Gelenke gebrochen sind.
> - KO oder tot ist

Natürlich gibt es noch mehr als die hier aufgeführten empfindlichen Körperstellen. Meine hier nachfolgend beschriebenen Punkte sehen Sie bitte immer unter den Prioritäten der einfachen Handhabung und Trefferwirkung.

Kopf
Angriffe zum Gesicht haben immer eine große psychologische Wirkung. Fakt ist aber auch, dass sie meist keine direkte Wirkung zeigen, wenn sie nicht gezielt die empfindlichen Stellen treffen. Der Schädel besteht aus sehr harten und dichten Knochen.
Stirn und Wangen machen als Ziel nur Sinn, wenn sie mit sehr hoher Schlagwirkung getroffen werden. In einer SV-Situation sind Ihre Schläge grundsätzlich aber nicht perfekt, was Kraft und Geschwindigkeit angeht. Der Gegner bewegt sich wahrscheinlich. Deshalb macht es nur Sinn, gezielt die Schwachstellen am Kopf anzugreifen.
Nase

Treffer hier sind schmerzhaft und meist blutig, egal ob sie „bricht" oder auch nicht. Sie bietet sich aber auch sehr gut an für Drucktechniken am Nasenansatz. Sehr schmerzhaft und kein Blut.

Schläfe
Schläge auf die Schläfe sind sehr schmerzhaft, da in diesem Bereich sehr viele Nerven verlaufen. „Bricht" die Schläfe, so kann dies tödlich sein.

Augen
Faust und Prellschläge mit den Fingern auf das Auge schmerzen und können auch zu Schäden führen. Schlimmer sind aber Stiche ins Auge. Neben starken Schmerzen kann das zu starken Verletzungen oder dem Verlust des Augenlichts führen.

Ohr
Schläge auf das Ohr stören das Gleichgewichtsempfinden erheblich. Das Trommelfell kann reißen.

Halsseiten

Nur ein kurzer Schlag mit der Handkante auf die rechte oder linke Halsseite führt meist schon zur Bewusstlosigkeit. Der Schlag muss korrekt waagerecht ausgeführt werden. Wird schräg geschlagen, besteht die Gefahr, dass die Schlagader beschädigt wird und reißt.

Kehlkopf
Ein Schlag zum Kehlkopf staucht diesen und verhindert, dass der Getroffene weiter atmen kann. Führt schnell zu Panik, Nervenschock und Bewusstlosigkeit. Sollte der Schlag aber zu stark sein, kann der Kehlkopf brechen, und das führt dann unbedingt zum Tode, wenn keine ärztlichen Notfallmaßnahmen eingeleitet werden. Eine korrekte Dosierung des Schlags ist schwierig, da die Kraft, welche den Kehlkopf brechen lässt, individuell verschieden ist.

Nacken/Genick

Schläge ins Genick können zur Bewusstlosigkeit führen. Bei zu starkem Schlag auf den Dorn des 7. Halswirbels kann es zum Bruch des Halswirbels kommen. Mögliche Folgen sind dann Lähmungen bis hin zum Tod. Verdrehen des Kopfes kann ebenfalls zum Genickbruch mit den beschriebenen Folgen führen.

Finger
Kann man brechen und/oder überdehnen, sehr schmerzhaft.

Hoden
Da schlagen und treten ja alle gerne hin, weshalb auch jeder mit diesem Angriff rechnet. Also sollte dem Angriff eine Ablenkung vorangehen. Es sei denn, der Angreifer steht völlig offen da. Starke Schmerzen, Übelkeit, Atemnot, Erbrechen oder Bewusstlosigkeit sind die Folgen.

Solarplexus
Zentrales Nervenzentrum im Brustbereich. Schmerzen, Atemnot, auch Lähmung des Nervensystems möglich. Man muss aber genau treffen. Problematisch bei Personen mit viel Bauch, da der Schlag dann eher schräg von oben kommen muss.

Blase
Wird als Angriffsziel unterschätzt. Die Verteidiger konzentrieren sich meist mehr auf Genital oder Plexus Bereich. Starke Schläge oder ein Tritt, in eine nicht geleerte Blase, lassen diese womöglich platzen. Sie befindet sich unterhalb des Bauchnabels.

Knie
Wirkungstreffer im Kniebereich, ob von innen, außen und von vorne, führen zu gerissenen Bändern oder „Bruch" des Knies mit eingeschränkter Beweglichkeit. Meist stürzt der Getroffene. Schmerzhaft und je nach Verletzung bleiben dauerhafte Schäden. Hohe Wahrscheinlichkeit, den Angreifer kampfunfähig zu machen, jedoch muss mehr Energie in das Ziel gebracht werden, als viele annehmen. Ein Tritt in die Kniekehle bringt den Angreifer höchstens aus dem Gleichgewicht.
Schienbein

Dicker Knochen, aber die Knochenhaut ist empfindlich. Mit harter Schuhkante oder Absatz durchaus schmerzhaft. Gut geeignet, um vor dem Hauptangriff abzulenken.

Füße
Hier sind die Ziele der Spann oder die Zehen. Angriff mit Stampftritt der Ferse. Je härter der Absatz umso besser. Starke Schmerzen, primär aber auch geeignet zum ablenken/lösen, um den Hauptangriff einzuleiten.

Alle Angaben hier können natürlich nicht allgemein gültig sein. Es gibt immer Menschen mit speziellen anatomischen oder medizinischen Eigenheiten.

7. Alltagsgegenstände zur Selbstverteidigung

Nahezu jeder Gebrauchsgegenstand des täglichen Lebens können genutzt werden, um diese als „Waffe" einzusetzen. Sie können diese nutzen um einen Angreifer zu verwirren/abzulenken, zu „schocken". Aber natürlich auch um ihn massiv zu verletzen. Letztlich hängt dies von dem verwendeten Gegenstand und ihrem Wissen ab.

Flaschen, Gläser, Flüssigkeiten, Dosen, Teller, Aschenbecher, Stühle, Möbel, Mülleimer, Schlüssel, Zeitschriften, Gürtel, Kugelschreiber, große Fingerringe, Steine, Holzstücke, Teppichmesser, Feuerzeug, Handy, Haarbürste und Kamm, Löffel, Kreditkarten, Bücher, Zeitschriften, Schirm, Besen, Luftpumpe, Flaschen, Werkzeuge usw.

Alle eignen sich, um damit zu schlagen, zu stoßen oder zu werfen. Um aber Alltagsgegenstände als "Waffe" einsetzen zu können, müssen Sie auch "erkennen", dass dieser Gegenstand, bei der Selbstverteidigung hilfreich sein könnte. Bei einer Schere, einem Hammer oder dem klassischen Küchenmesser erkennt wahrscheinlich jeder das Potential. Bei einem Löffel, einem Teller, einem Buch oder einem Notebook eher weniger.

- sollten Sie eine Waffe (*ATG*) im Notfall einsetzen, so machen Sie möglichst auf KEINEN Fall den Fehler diese dem Angreifer zu zeigen, er darf die Waffe erst bemerken, wenn sie ihn getroffen hat
- verwenden Sie nur dann Waffen (*Gasspray, Elektroschocker, taktische Kugelschreiber, taktische LED Taschenlampen*), wenn Sie diese auch wirklich beherrschen, dieses gilt auch für Abwehrsprays aller Art

Als mögliche Alternative zu Waffen gibt es diverse Signalgeräte wie Trillerpfeifen, kleine Alarmgeräte oder sehr starke handliche LED Lampen. Damit können Sie andere Personen auf sich aufmerksam machen oder den Angreifer kurzfristig blenden/ablenken, um zu fliehen.

Ist Ihr Angreifer bewaffnet und Sie müssen sich verteidigen (*Flucht ist also unmöglich*) dann sind die Prioritäten folgende:

1. Distanz halten und bewegen Sie sich
2. was ist evtl. als "Waffe" verwendbar?
3. weichen Sie dem Angriff aus / wehren ihn ab
4. attackieren Sie mit ihrem ATG
5. flüchten Sie

Je nach Situation warten Sie nicht ab, bis Sie angegriffen werden. "Haben Sie eine Tasse mit heißem Kaffee in der Hand, dann können Sie diese dem Angreifer auch ins Gesicht schütten, bevor er Sie angreift".

7.1 richtige Handhabung

Die Wirkung muss nicht immer stark verletzend sein. Oft reicht es ja auch aus nur zu verwirren, abzulenken oder leicht zu verletzen, damit dann eine Chance zur Flucht besteht.
Abhängig von dem ATG den Sie verwenden, besteht ja auch gar nicht die Möglichkeit jemand ernsthaft zu verletzen. Wenn Sie den Inhalt eines Glases Wasser einem Angreifer ins Gesicht schütten, wird er daran wahrscheinlich nicht ertrinken, aber er ist verwirrt, abgelenkt, was ihnen helfen kann zu fliehen. Verwenden Sie kochend heissen Kaffee, dann ist die Wirkung schon wieder eine ganz andere.
Die Ziele beim Einsatz von ATG´s können nicht nur unterschiedlich sein, sie sind letztlich auch stark davon abhängig, um was für einen ATG es sich handelt.:

- Zeit gewinnen
- Ablenkung
- Verwirrung
- Schmerz verursachen
- verletzen
- ernsthaft verletzen

ATG´s zur Verteidigung lassen sich nach ihrem physikalischen Zustand in flüssig, gasförmig, hart, groß, klein oder flexibel unterscheiden.
Im Notfall haben Sie sehr wahrscheinlich nicht die Chance aus einer Vielzahl von Gegenständen zu wählen, mit denen Sie sich verteidigen können. Deshalb ist es wichtig zu wissen und zu verstehen, wie ATG´s effektiv anzuwenden sind.

- ist schlagen besser als stoßen oder schneiden?
- besser werfen oder schlagen?
- wie nutze ich einen ATG zur Abwehr?
- welche Stelle beim Angreifer attackiere ich mit einem ATG, um eine größtmögliche Wirkung zu erzielen?

Um dann schnell entscheiden zu können was Sie einsetzen können, brauchen Sie etwas Phantasie und das Wissen, wie Sie einen beliebigen Gegenstand am besten verwenden.

Damit Sie im Notfall auch reagieren können ist es empfehlenswert auch mental zu üben. Das bedeutet, Sie müssen sich Szenarien, wo Sie angegriffen werden vorstellen und wie Sie sich mit vorhandenen Gegenständen verteidigen würden.

Wenn Sie Zuhause, im Büro, Restaurant sind oder spazieren gehen, schauen Sie nach Gegenständen, die als „Waffe" verwendbar wären. Überlegen Sie dann wie Sie den Gegenstand einsetzen können. Gegen welche Stelle am Körper eines Angreifers und gegen welchen Angriff. Das empfinden Sie vielleicht als etwas übertrieben?

Das 1. Mal ist immer am schwierigsten. Der 1. Vortrag vor vielen Menschen, die 1. Fahrstunde etc. Haben Sie etwas schon einmal erlebt/erfahren, dann ist es beim 2ten Mal leichter. Das Gehirn merkt sich die Erfahrung, weiss was passieren kann und fängt schon mal an zu arbeiten. Noch bevor Sie anfangen aktiv zu werden. Das nennt man intuitives Verhalten. Wenn Sie sich also regelmässig damit beschäftigen was Sie wie ensetzen können, dann werden Sie im Notfall erkennen, was am effektivsten anwendbar ist.

Tests haben ergeben das unser Gehirn, wenn es auf ein Notfallprogramm zurückgreifen muss, nicht dabei unterscheidet ob die Technik in der Realität schon angewendet wurde oder ob sie nur mental trainiert wurde. Das Programm wird abgerufen, sofern eines da ist.
Auch aus diesem Grunde gibt es Simulatoren in der Luftfahrt, wo gefährliche Situationen trainiert werden.

Wenn Sie sich also noch nie damit beschäftigt haben wie man eine Tasse effektiv einsetzt, um einen Angreifer zu verletzten, dann ist die Wahrscheinlichkeit auch gering, dass Sie es im Notfall können.

7.2 Flüssigkeiten, Sprays

Flüssigkeiten
Wasser, Softdrinks, alkoholische Getränke, Laugen, Säuren, Reinigungsmittel, Öl, Sprühflaschen, Flüssigseife, Kaffee/Tee/Wasser, Suppe heiß oder kalt etc.

Die Wirkungen, welche durch Flüssigkeiten erzielt werden können, sind nicht nur davon abhängig ob sie kalt oder heiß sind. Ganz entscheidend ist auch, worum es sich handelt. Reinigungsmittel sind meist sehr aggressiv und können Verätzungen verursachen. Alkoholische Getränke brennen stark in den Augen, andere kleben.

Primäres Ziel beim Einsatz von Flüssigkeiten ist das Gesicht. Es sei denn sie verwenden eine heiße Flüssigkeit. Die kann auch gegen andere Körperteile verwendet werden. Worauf ist zu achten?

- überraschend einsetzen, wenn der Angreifer zu früh erkennt, was Sie vorhaben, kann er ihren Angriff leicht abwehren
- Distanz, sind Sie zu weit entfernt, treffen Sie nicht richtig
- Verletzungsgefahr für Sie selbst ,bei Verwendung von heißen oder ätzenden Flüssigkeiten

sprühen zu den Augen

Sprays
Haarspray , Deospray, Farbsprays, Gasspray, Pfefferspray etc.

Grundsätzlich gilt hier das gleiche wie bei den Flüssigkeiten. Der wesentliche Unterschied ist jedoch, dass der Inhalt durch Überdruck freigesetzt wird. Das erleichtert das Zielen. Beim schütten von Flüssigkeiten ist die Gefahr daneben zu treffen, natürlich größer. Worauf ist zu achten?

- überraschend einsetzen wenn der Angreifer zu früh erkennt was Sie vorhaben, kann er ihren Angriff leicht abwehren

- Distanz, sind Sie zu weit entfernt, erzielen Sie keine Wirkung
- die Windverhältnisse sind zu beachten, bei starkem Gegenwind sprühen Sie sich evtl. selber ein

- die Öffnung des Sprühkopfs muss zum Angreifer zeigen, genau deshalb haben gute Gassprays Selbstverteidigung einen Druckkopf, der nur in einer Position betätigt werden kann, bei einem Haarspray ist das natürlich nicht der Fall

7.3 feste kleine Gegenstände

Flaschen, Gläser, Tassen, Becher, Dosen, Teller, Aschenbecher, Schlüssel, , Kugelschreiber, große Fingerringe, Steine, Holzstücke, , Feuerzeug, Handy, Haarbürste, Kamm, Zahnbürste, Nagelfeile, Schere, Küchenmesser, Küchengeräte, Löffel, Gabel, Essstäbchen, Kreditkarten, Bücher, Nägel, Schrauben, Zigarettenpackung, Vasen, Deko Gegenstände, Seife, TV Fernbedienung, Brillenetui, Spielzeug, Bilderrahmen, Schuhe, Taschenlampe, Handfeger und Schaufel, Werkzeuge etc.

Sie sehen die Liste ist lang, aber noch lange nicht vollständig. Worauf ist zu achten?

- überraschend einsetzen, wenn der Angreifer zu früh erkennt was Sie vorhaben, kann er ihren Angriff leicht abwehren
- Distanz, sind Sie zu weit entfernt erzielen Sie keine Wirkung
- ihre Fantasie.

Sie müssen, wenn Sie einen Gegenstand sehen eine Idee haben, wie Sie ihn einsetzen können. Unter hohem Stress fällt ihnen aber nur dann etwas ein, wenn Sie sich schon früher Gedanken dazu gemacht haben.
Wie können Sie einen Nagel oder eine Schraube verwenden, die vielleicht nur 3 bis 5 Zentimeter lang sind? Sie reißen sie durch das Gesicht des Angreifers oder stechen damit in sein Auge. Sollten Sie eine Handvoll zur Verfügung haben, so werfen Sie die gesamte Ladung mitten in sein Gesicht.
Eine Hardcase Zigarettenpackung eignet sich hervorragend um damit zur Nase, den Augen oder dem Kehlkopf zu stoßen.
Betrachten Sie alle Gegenstände die Sie umgeben, zukünftig mit anderen Augen. Überlegen Sie, wie Sie all diese ATGs verwenden können.

die richtige Handhabung
Die kürzeste Verbindung zwischen zwei Punkten ist eine Gerade. Kurz bedeutet hier auch schnell. Wenn Sie eine Kaffeetasse oder ein Handy einsetzen wollen, mit einer großen ausholenden Bewegung (*wie ein Schwinger beim Boxen*), ist die Wahrscheinlichkeit, dass der Angreifer es bemerkt und den Arm zur Abwehr hebt, außerordentlich hoch.

stoßen
Besser ist es, wenn die Tasse gestoßen wird. Sie halten die Tasse vor ihre Brust und stoßen direkt, gerade ins Ziel. (*Hals oder Nase*).
Der Überraschungseffekt ist hoch und die Abwehr schwierig. Die richtige Distanz ist aber auch hier, wie immer entscheidend.

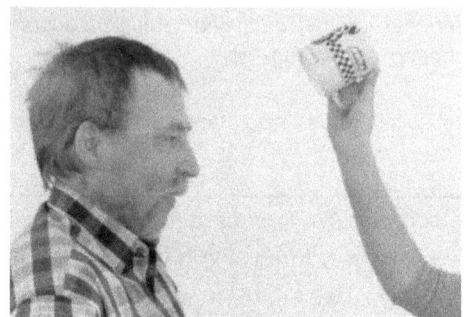

Kaffeetasse schlagen

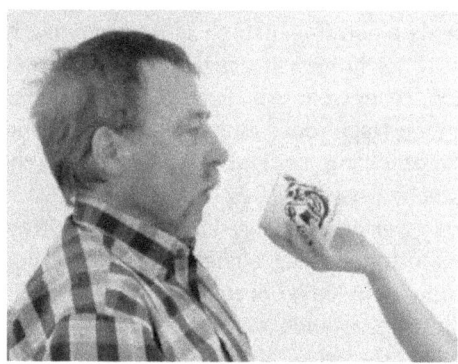

Kaffeetasse stoßen

festhalten:
Gerade bei kleineren Gegenständen ist es ganz besonders wichtig, dass der Gegenstand wirklich fest gefasst wird. Wenn möglich blockieren Sie das Ende des Gegenstands mit dem Handballen, unterhalb des Daumens. Dadurch lässt sich besser verhindern, dass ihnen der ATG durch die Hand rutscht.

Es gibt viele Stellen am menschlichen Körper, wo man ernsthafte Verletzungen erzielen kann, aber nur wenige wo eine unmittelbare Reaktion erfolgt (*Schmerz, Verwirrung, Bewusstlosigkeit*). Nur diese Ziele sollten Sie primär in einer Notsituation angreifen. Als da sind: *Schläfe, Halsseiten, Kehlkopf, Nase, Augen, Genitalien*.

Im folgenden finden Sie verschiedene Beispiele wie **kleine** ATG´s verwendet werden können.

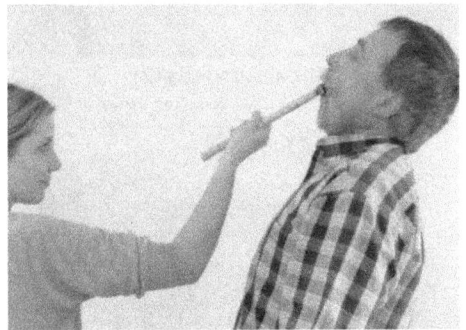

Hammerkopf zum Mund

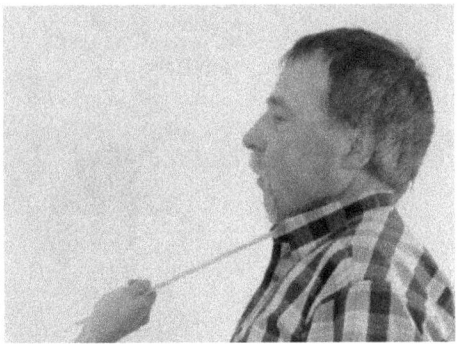

Lineal zum Hals (1)

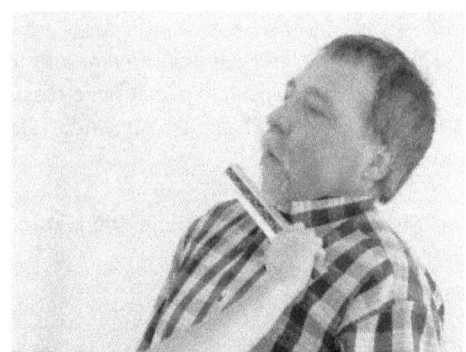

Lineal zum Hals (2)

Teller zum Hals

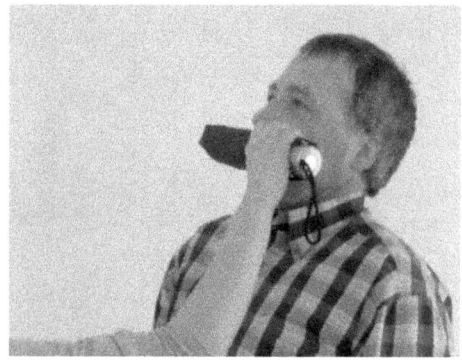

kleiner Schirm zur Nase

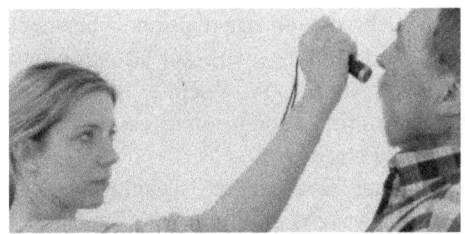

Taschenlampe und Stoß zum Gesicht

blenden mit einer LED Taschenlampe

Die kleine LED Taschenlampe mit Schalter am Ende ist mein persönlicher Favorit. Sie hat eine hohe Blendwirkung. Noch besser bei Stroboskop Modus. Gleichzeitig ist sie auch sehr gut zum stoßen/schlagen geeignet. Und man kann sie immer und überall bei sich führen.

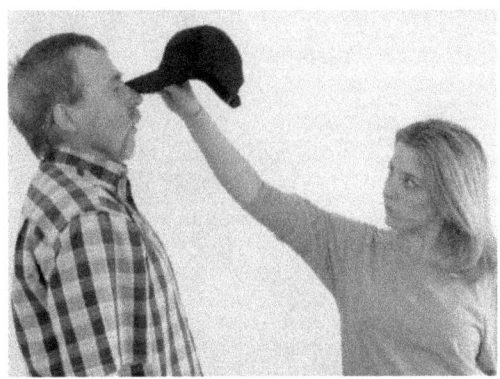

Kappe, mit der Kante zu den Augen

schlagen
Natürlich ist stoßen nicht die einzige Option. Aber sie ist sehr effektiv, schnell und überraschend. Abhängig von der Situation und dem ATG macht schlagen aber natürlich auch Sinn. Wichtig ist eben nur, dass Sie die verschiedenen Möglichkeiten kennen und bewusst einsetzen, um eine bestmögliche Wirkung zu erreichen.

Beim schlagen mit kleinen Gegenständen haben Sie 2 Möglichkeiten. Sie umfassen den ATG und er schaut unten an ihrer Hand heraus oder aber oben. Wenn Sie die Wahl haben, dann ist unten besser, da Sie bei dieser Handhabung mehr Kraft ausüben können.

Letztlich entscheidend ist aber natürlich, um was für einen ATG es sich handelt und welchen Punkt Sie angreifen. Hier ergänzend noch einige Beispiel, wo geschlagen wird.

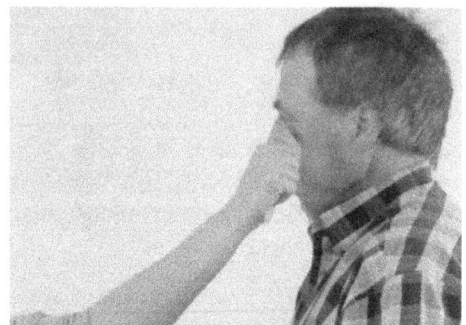

Teelöffel zum Auge

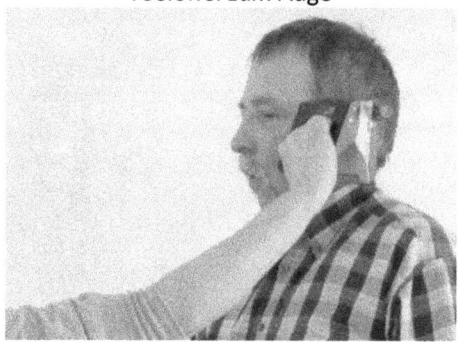

Bürolocher zur Schläfe

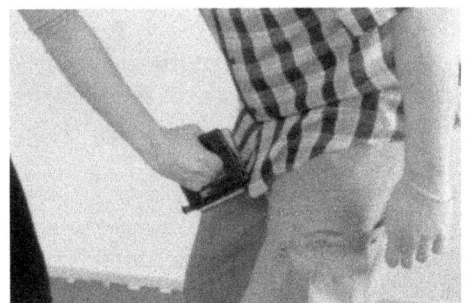

oder aber zum Unterleib

Hier noch ein Beispiel für schlagen in der anderen Griffhaltung.

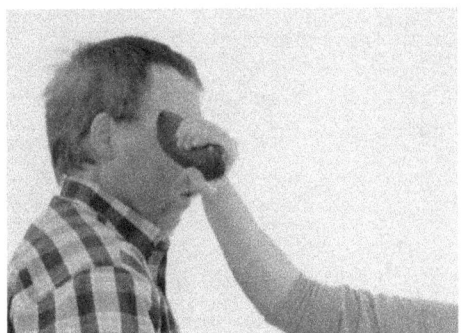

Brillenetui zur Schläfe

Wie Sie hoffentlich bemerkt haben, sind die Ziele welche attackiert werden meist immer gleich. Augen, Hals, Nase, Schläfe oder Genitalien. Die Gründe sind einfach. Nur dort wird immer eine Reaktion des Getroffenen erfolgen. Alle anderen Stellen, die natürlich auch zu Verletzungen oder KO führen könnten, sind aber häufig nicht klar erkennbar bzw. durch Kleidung, Muskeln oder Körperfett gepolstert.

7.4 feste große Gegenstände

Flaschen, Schirm, Besen, Luftpumpe, Gartengeräte, Werkzeuge, Hocker, Stuhl, Vasen, Möbel, Holzlatten, Balken, Küchenmesser, Küchengeräte, Notebook, Bilderrahmen, Koffer etc.

Das sind nicht zwingend die besseren ATG`s, um sich zu verteidigen. Die bedeutendsten Unterschiede sind, dass eine größere Distanz leichter zu überbrücken ist, und das sie evtl. besser zur Abwehr eines Angriffs geeignet sind. Insbesondere bei bewaffneten Angriffen.
Das ist aber natürlich wieder abhängig von dem entsprechenden Gegenstand. Ein Regenschirm ist auf vielfältige Weise einsetzbar, bei einem Bürostuhl ist das schon schwieriger. (*Größe, Gewicht, unhandlich*).
Worauf ist zu achten?

- überraschend einsetzen, wenn der Angreifer zu früh erkennt was Sie vorhaben, kann er ihren Angriff leicht abwehren
- Distanz, sind Sie zu weit entfernt erzielen Sie keine Wirkung
- Anwendbarkeit

Sie müssen in der Lage sein den ATG auch zu handhaben und zwar richtig. Ein Tisch kann hilfreich sein, wenn Sie ihn im richtigen Moment einem Angreifer vor den Körper stoßen. Weniger hilfreich, wenn Sie versuchen ihn anzuheben, um damit nach dem Angreifer zu werfen.

Folgetechnik
Wenn Sie einen größeren Gegenstand nur nutzen um einen Angriff abzuwehren, so ist nach der Abwehr wieder vor der Abwehr. Sie werden sehr wahrscheinlich erneut angegriffen. Sehr wahrscheinlich aggressiver und der Überraschungseffekt ist auch nicht mehr auf ihrer Seite.
Nach der Abwehr müssen Sie also unbedingt den Angreifer attackieren oder schnellstens flüchten (*wenn möglich*).

Stuhl zur Stockabwehr

Der hier gezeigte Stuhl ist leicht und deshalb auch gut zu handhaben. Benutzen Sie ihn um anzugreifen, dann ist es hier ganz besonders wichtig ihn als Stoßwaffe einzusetzen. Ihn über den Kopf zu heben um damit zu schlagen ist uneffektiv. Dauert zu lange und wenn Sie Pech haben, verlieren Sie dabei sogar das Gleichgewicht.
Die Handhabung von langen Gegenständen ist grundsätzlich immer gleich. Meist werden sie mit beiden Händen verwendet. Die kritischsten Punkte sind: zu lang und zu schwer.
Machen Sie sich mit längeren Gegenständen vertraut. Über Sie damit abzuwehren und zuzustoßen.

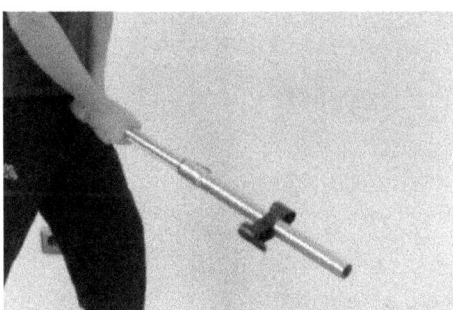

langer Gegenstand

Bei mittelgroßen Gegenständen sind die Möglichkeiten vielfältiger. Sie können je nach Beschaffenheit mit 1 oder 2 Händen verwendet werden.

Einschränkungen sind primär durch das Gewicht gegeben. Auch hier gilt, über Sie einfach mal den Umgang mit mittelgroßen Gegenständen.

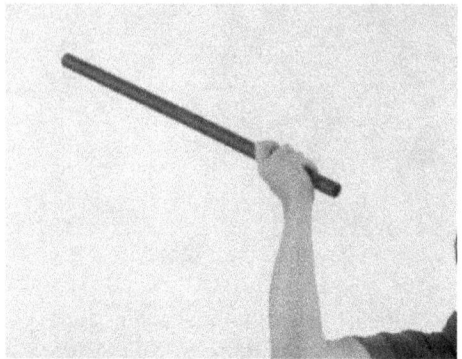

mittelgroßer Gegenstand

zustoßen mit einem leichten Stuhl

7.5 flexible Gegenstände

Gürtel, Seile, Schaal, Handtücher, Bücher, Zeitungen, Zeitschriften, Pflanzen, Handtasche etc.

Wenn Sie sich damit noch nicht beschäftigt haben, fällt ihnen als ATG wahrscheinlich nur ein Schal ein, mit dem man würgen könnte. Passt aber auch nicht wirklich, dann müsste der Angreifer ja still halten und Sie agieren lassen. Flexible Gegenstände ändern leicht ihre Form und sind meist nur effektiv verwendbar, wenn sie in einer speziellen Art und Weise eingesetzt werden. Worauf ist zu achten?

- überraschend einsetzen, wenn der Angreifer zu früh erkennt was Sie vorhaben, kann er ihren Angriff leicht abwehren
- Distanz, sind Sie zu weit entfernt, erzielen Sie keine Wirkung
- Sie müssen wissen wie sie den ATG richtig anwenden, ansonsten ist er definitiv nutzlos, eventuell ist auch ein gewisses Geschick erforderlich
- Sie dürfen nur wirklich vitale Ziele, wie oben beschrieben angehen

Eine Zeitschrift oder eine Zeitung sind das klassische Beispiel. Sie müssen sie in der richtigen Weise halten, wie hier gezeigt. Nur dann hat sie die gewünschte Stabilität. Alternativ kann man sie natürlich auch zusammenrollen und damit stoßen.

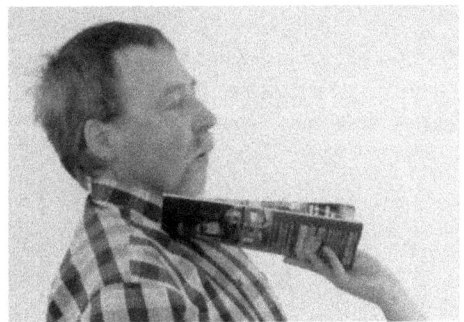

Zeitschrift zum Hals

Wichtig bei dieser Abwehr ist, dass die Zeitschrift gekrümmt gehalten wird beim zustoßen. Nur dann hat sie die erforderliche Stabilität.

Zeitschrift zur Oberlippe/Nase

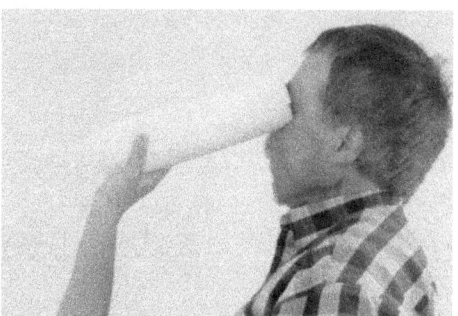

Papierrolle zum Auge

Eine leere Plastikflasche hat so gut wie kein Gewicht und knickt sofort ein wenn sie etwas grob angefasst wird. Richtig eingesetzt, erzielt sie aber trotzdem eine effektive Wirkung.

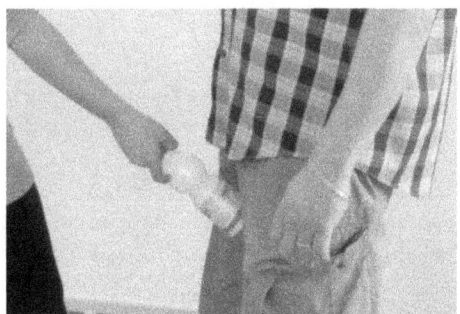

leere Plastikflasche zum Unterleib

Sie ist auch sehr gut als Stoßwaffe einsetzbar. Sie muss dazu aber exakt geführt werden und es muss mit der Verschlussseite gestoßen werden.

- Einen Gürtel kann man wie eine Peitsche einsetzen. Sehr effektiv wenn mit der Schnalle getroffen wird. Das müssen Sie aber wirklich beherrschen, ansonsten ergreift der Gegner sich den Gürtel.
- Die Gürtelschnalle selbst kann auch genutzt werden, um damit ins Gesicht zu stoßen.
- Auch Kleidungsstücke wie Jacken, Pullover etc. sind verwendbar. Sie können damit ihren Arm schützen um Angriffe abzuwehren. Ins Gesicht werfen um abzulenken und zu fliehen.
- Erde, kleine wie große Steine kann man werfen oder auch damit schlagen. Geldmünzen sind auch gut geeignet um damit zu werfen.
- Eine Handvoll Kleingeld hat schon eine interessante Masse. Überraschend und mit Wucht ins Gesicht geworfen, schockt sie nicht nur, sondern kann auch die Augen verletzen.

8. verteidigen mit Alltagsgegenständen

Nachfolgend finden Sie Beispiele wie Sie sich mit ATG`s gegen verschiedene Angriffsvarianten verteidigen können. Dies sind nur einige Beispiele, um zu zeigen was machbar ist.
Sie sollen ihre Phantasie anregen. Entscheidend ist, dass Sie erkennen, ob und wie Sie einen ATG verwenden können. Das funktioniert nur wenn Sie es auch üben. Mental, indem Sie sich mögliche Bedrohungen vorstellen und wie Sie mögliche ATG`s einsetzen würden.
Praktisch indem Sie unterschiedlichste Gegenstände in die Hand nehmen und damit Schläge und Abwehrbewegungen ausführen. Am besten mit Widerstand gegen einen Sandsack, Baum, Wand etc.

Es macht nur bedingt Sinn, dass Sie die dargestellten Beispiele auswendig lernen. Es gibt fast unbegrenzt viele Möglichkeiten wie Sie bedroht oder angegriffen werden können. Die können Sie sich niemals alle merken. Sie müssen sich die Basics verinnerlichen.

Basics
- was in meinem Umfeld könnte ich als ATG verwenden?
- wie kann ich ihn am effektivsten einsetzen?
- nur vitale Ziele angreifen, wie beschrieben
- direkter gerader Stoß, wenn immer möglich

Wenn Sie dann noch mental vorbereitet sind, haben Sie gute Chancen.

8.1 schlagen
Schläge

Ein Taschenbuch ist gut geeignet um Schläge abzuwehren. Dazu müssen Sie es fest fassen und blocken den Schlag mit der harten Buchkante.

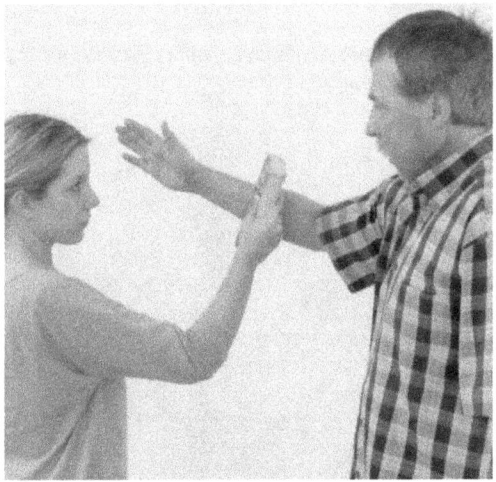

Danach schlagen Sie mit der unteren Ecke gegen die Schläfe des Angreifers.

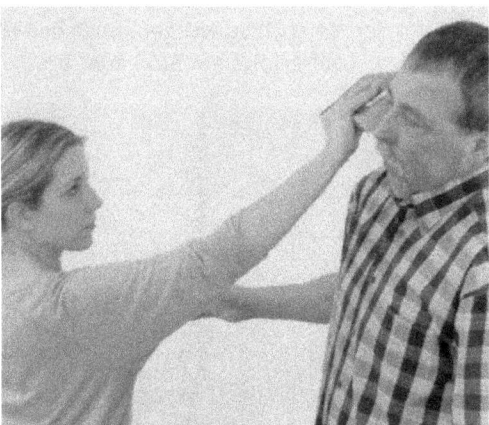

Statt des Buches könnte es sich auch um eine Untertasse, ein kleines Brett, ein hartes Brillenetui oder einen Bilderrahmen handeln etc.

8.2 würgen

Hier muss schnell und effektiv reagiert und agiert werden. Hier im Beispiel erfolgt ein Stoß direkt zwischen den Armen hindurch zum Kehlkopf des Angreifers.

Statt des Handys kann man natürlich jeden ATG einsetzen, der hart und nicht zu dick ist.
(*Tafel Schokolade, Brillenetui, Schlüssel, Teller, Taschenbuch, Taschenlampe, Kugelschreiber, Aschenbecher etc.*)

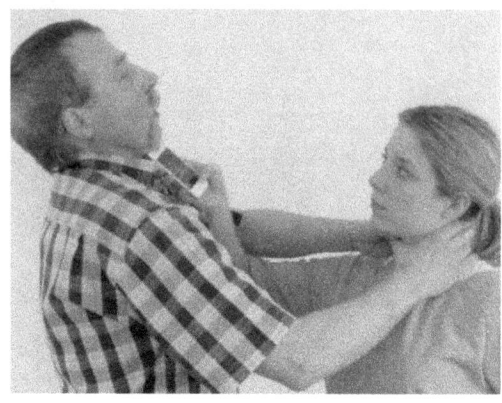

Hier handelt es sich um den Versuch zu würgen, nach den Haaren zu fassen oder ins Gesicht. Mit dem Topf erfolgt ein Stoß zum Brustbein und danach ins Gesicht des Angreifers.

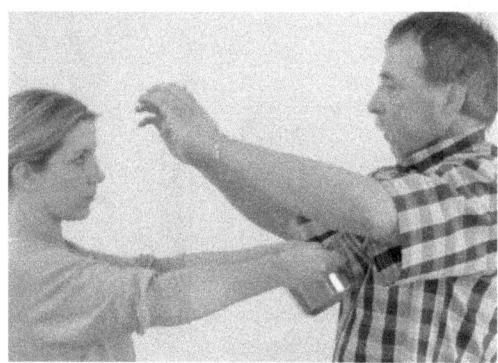

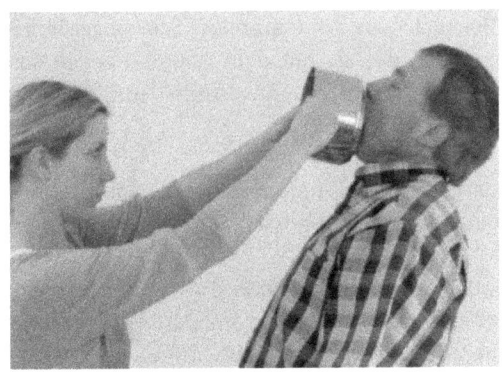

Hier wird mit einer Hand der Hals gefasst bzw. der Kehlkopf gequetscht. Mit dem Schlüsselbund direkt ins Gesicht, bzw. zu den Augen des Angreifers stoßen.
Auch hier können alternativ beliebige andere harte ATG`s eingesetzt werden.
Was befindet sich gerade jetzt in ihrer Reichweite, in ihrer Tasche oder im Zimmer, das Sie verwenden könnten, statt des Schlüsselbundes?

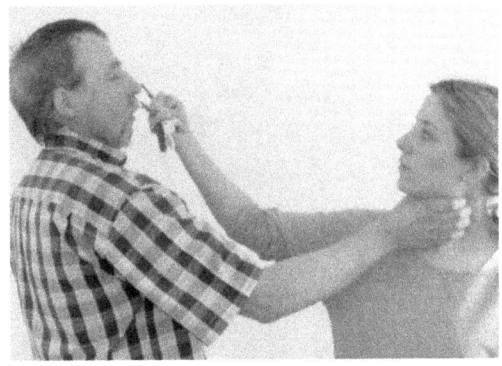

8.3 umklammern

Hier in dem Beispiel wird ein stabiles Schreibgerät zur Verteidigung verwendet. Wichtig ist, das Sie mit dem Daumen gegen das Ende drücken, wenn Sie stoßen oder schlagen. Ansonsten rutscht ihnen der Schreiber durch die Hand.

Ziel bei allen 3 dargestellten Situationen ist, dass der Angreifer die Klammer löst und Sie fliehen können. Stoßen/schlagen Sie immer mehrmals.

Hier sind alternativ natürlich auch andere ATG`s einsetzbar. Sie müssen nur hart sein oder eine harte Kante besitzen. Denken Sie an das Taschenbuch, die Kante des Buchrückens, ein Handy, Brillenetui oder den Autoschlüssel.

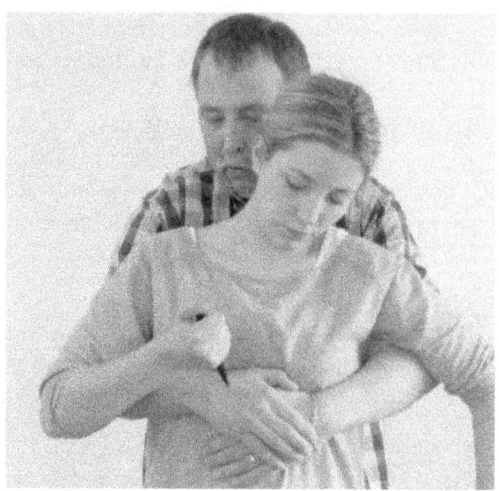

Auf den Handrücken stoßen, wichtig der Schreiber muss halbwegs stabil sein. Am besten mehrmals hintereinander zustoßen.

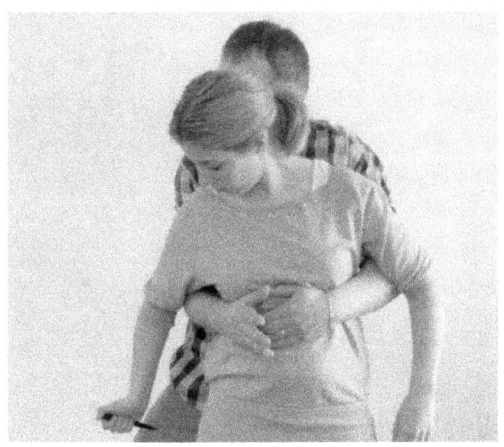

Gleiches gilt natürlich, wenn zum Oberschenkel gestoßen wird. Sobald Sie spüren, dass der Griff sich lockert, winden Sie sich raus. Es spricht auch nichts dagegen, mehrere Punkte anzugreifen.

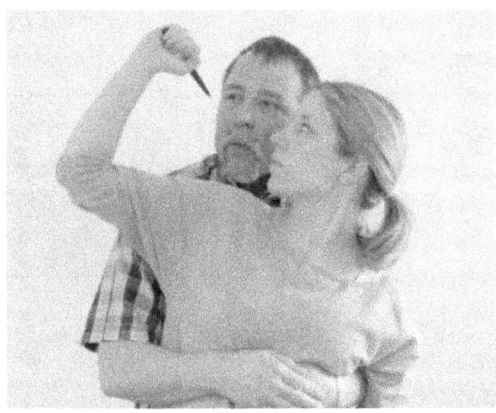

Hier stechen Sie einfach nach hinten zum Gesicht des Angreifers.

8.4 festhalten

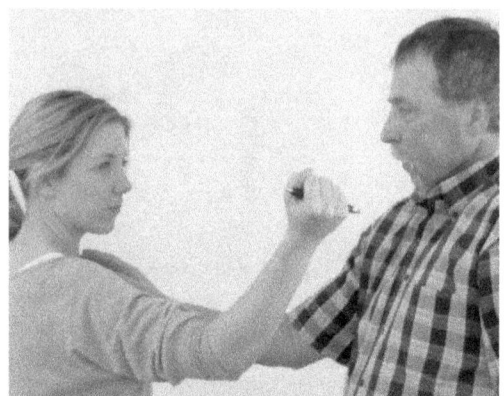

Spitze nach unten, stoßen, reißen Sie die Spitze durch das Gesicht des Angreifers.

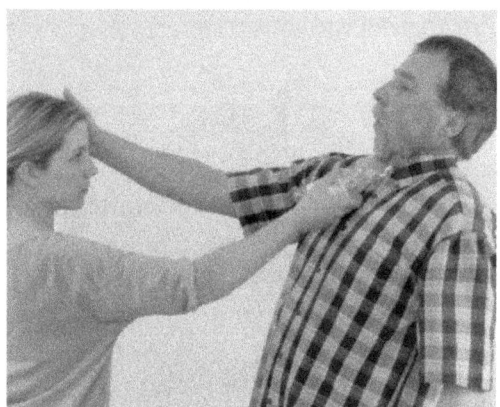

Griff zu den Haaren bzw. der Versuch sie zu fassen

Bei der leeren Wasserflasche aus Kunststoff ist alles entscheidend, wie sie gehalten und geführt wird. Möglichst im unteren Drittel umfassen und dann gerade mit dem Drehverschluss zum Hals stoßen. Üben Sie das mit der Flasche. Falsch geführt, knickt die Flasche ein. Das geht natürlich auch mit großen Flaschen.

8.5 Waffen

Grundsätzlich gilt bei einer Bedrohung oder einem möglichem Angriff:

- der Provokation wenn möglich ausweichen
- weggehen/fliehen

Ganz besonders gilt das natürlich, wenn Waffen verwendet werden. Auch wenn Sie ein sehr gut für ihre Verteidigung geeignetes ATG zur Hand haben, ist die Wahrscheinlichkeit verletzt zu werden immer gegeben.

Also nochmals, wenn Sie die Forderungen eines potentiellen Angreifers erfüllen können, geben Sie ihm was er will.

Sind Sie aber gezwungen sich zu verteidigen, weil es keine andere Alternative mehr gibt, dann müssen Sie dies auch zu 100% tun. Sie dürfen sich nicht mit Zweifeln, Bedenken oder Ängsten vor Verletzungen beschäftigen.
Tun Sie nichts, so werden Sie mit Sicherheit schwer verletzt. Sie können also nur "gewinnen". Dazu müssen Sie bereit sein und deshalb ist es erforderlich, dass Sie sich damit mental auseinandersetzen. Entsprechende Situationen mental "durchspielen".

Wenn Sie Waffenangriffe abwehren, ist es aber nicht damit getan den Angriff einfach nur abzuwehren. Danach geht es auf jeden Fall weiter.

- Sie fassen nach, treten, schlagen um den Angreifer kampfunfähig zu machen und ihm die Waffe wegzunehmen
- **besser ist es, jetzt die Chance zu nutzen und zu fliehen**
- gar nichts tun ist keine Alternative, sofern der Angreifer dazu in der Lage ist, wird er Sie wieder angreifen

Abwehr gegen eine Schlagwaffe von oben
Es ist unerheblich um welche Art von Schlagwaffe es sich handelt. Ob sie mit 1 oder 2 Händen gehalten wird. Sie müssen zustoßen bevor die Waffe ihren Zenit erreicht hat, also abwärts auf Sie zukommt. Andernfalls fliegt ihnen die Waffe vor den Kopf. In dem folgenden Beispiel ist das gut dargestellt.

Mit dem Stuhl Richtung Brust stoßen. Sie treffen dann Brust und Gesicht.

Abwehr gegen eine Stichwaffe

Schirm zu den Genitalien

Mit dem Schirm müssen Sie angreifen, solange sich das Messer noch neben oder hinter dem Angreifer befindet.
   Ansonsten kann er mit einer kurzen Drehbewegung ihren Arm angreifen

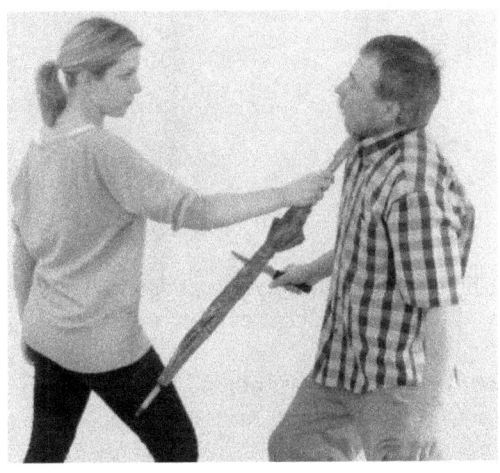

. **Abwehr gegen eine Schlagwaffe seitlich**

Hier noch ein Beispiel für eine Abwehr mit einem langen ATG (*Schirm*). Könnte aber auch ein kurzer Stock, ein Hocker, eine Tischlampe, was auch immer sein.

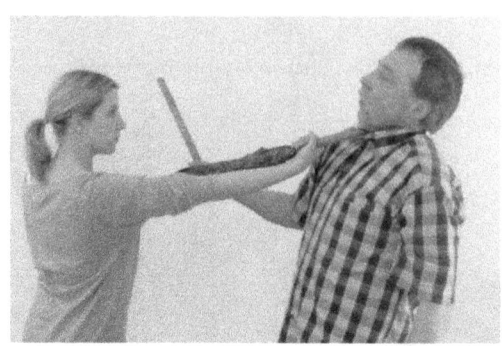

Gleich im Anschluss an die Abwehr, erfolgt der Stoß mit dem Schirmgriff zum Kehlkopf des Angreifers.

Ich hoffe Sie haben verstanden, dass nur die Tatsache einen "guten" ATG zur Hand zu haben, noch keine Garantie dafür ist, ihn auch erfolgreich einsetzen zu können.

8.6 Übungen

Übung 1
Schauen Sie sich um, an den unterschiedlichsten Orten wie Zuhause, im Büro, beim einkaufen, im Restaurant, dem Spaziergang und identifizieren Sie ATG`s und wie Sie diese verwenden würden.

Übung 2
Nehmen Sie die unterschiedlichsten ATG`s in die Hand und üben Sie Abwehr- und Schlag/Stoßbewegungen. Mit und ohne Widderstand.
Mit Widderstand bedeutet, Sie schlagen gegen einen Sandsack, Baum, eine Wand etc. Erst dann spüren Sie ob Sie den ATG richtig halten, er ihnen aus der Hand rutscht oder ihre Hand wegknickt.

Übung 3
Welch Gegenstände haben Sie immer bei sich? Wie Handy, Schlüssel, Handtasche, Gürtel, Schreibgeräte, Münzen etc. Wie würden Sie diese ATG`s einsetzen und in welchen Situationen. Üben Sie besonders mit diesen Gegenständen, die richtige und effektive Handhabung.

Übung 4
Atmen Sie regelmäßig ein und aus. Die Luft auf keinen Fall lange anhalten /pressen. Oft ist man sich dessen gar nicht bewusst und merkt es erst, wenn einem der Atem fehlt.

Übung 5
Erkennen Sie Gegenstände in den Händen von Personen und überlegen Sie, wie diese einsetzbar wären.

9. Pfeffer -Spray/ -Pistole, Elektroschocker

Meine Kursteilnehmer und Leser meiner Bücher fragen mich immer öfter:

"Ist es nicht sinnvoller immer "etwas" dabei zu haben, mit dem ich mich im Notfall verteidigen kann, statt darauf zu hoffen, im Notfall etwas passendes vorzufinden?"

Die Frage lässt sich grundsätzlich mit einem eindeutigen "Ja" beantworten. Die Frage ist nur, was sollte dieses "etwas" sein, womit Sie sich in möglichst jeder Situation helfen können?

Betrachten wir uns einige typische Bedrohungs-/Notwehrsituationen.

- das Opfer wird überrascht, weil es abgelenkt ist
- das Opfer wird provoziert/bedroht, Täter ca. 1m entfernt
- Anmache in der Öffentlichkeit in sicherem Abstand
- Anmache in der Öffentlichkeit mit Körperkontakt
- Belästigung, Bedrohung in öffentlichen Verkehrsmitteln
- Belästigung/Bedrohung in der Disko, Party, Volksfest, Event
- der klassische Überfall, Täter steht direkt vor oder hinter ihnen
- ein potentieller Täter kommt auf Sie zu oder folgt ihnen
- eine Gruppe alkoholisierter junger Männer kommt auf Sie zu
- etc.

Den meisten der hier aufgeführten Beispiele haben eines gemeinsam: Der potentielle Täter befindet sich schon in Reichweite seines Opfers. Selbst wenn Sie noch die Möglichkeit haben zu diskutieren, zu deeskalieren und die Distanz zu vergrößern. Haben Sie keine Zeit mehr in ihrer Jacken- Hosen- Mantel- oder Handtasche, nach ihrem ATG oder einer "Waffe" zu suchen. Das würde ihr Gegenüber sofort bemerken und entsprechend aktiv werden.

Zweifellos vermittelt ihnen eine ATG oder eine "Waffe", die Sie bei sich tragen ein besseres Sicherheitsgefühl. Sie bewegen sich selbstsicherer und wirken nicht wie ein interessantes und einfaches Opfer. Wenn es dann aber zur Bedrohung/Überfall kommt und Sie anfangen müssen zu suchen, war alles Umsonst.

Ich bin immer dafür etwas dabei zu haben um sich in einer Notlage damit verteidigen zu können. Sie müssen es dann aber auch IMMER bei sich tragen. Es lässt sich nämlich nicht vorhersagen wann und wo Sie es mal brauchen. Natürlich gibt es Bereiche, wo die Gefahr bedroht/angegriffen zu werden größer ist, als vor ihrer Haustüre. Da sind die meisten Menschen aber auch eher aufmerksam und vorsichtiger. Passieren tut es aber meistens dann, wenn die Opfer abgelenkt und nicht aufmerksam sind.

Sie brauchen also einen oder mehrere Gegenstände, von denen Sie aber einen IMMER bei sich tragen, situationsabhängig. Folgende Dinge bieten sich hier an:

- Smartphone/Handy
- kleine LED Taschenlampe
- Schlüsselbund
- Kleingeld in der Hosentasche
- stabiler Kugelschreiber/tactical pen/Kubotan etc.

Ich persönlich kenne Niemanden, der nicht mindestens einen der aufgeführten Gegenstände immer dabei hat. Spitzenreiter ist das Handy und dann kommt der Schlüsselbund.
Je nach Situation kann sich das natürlich ändern. Im Winter haben Sie eher auch eine LED Lampe dabei und im Büro den Kugelschreiber.

Entscheidend ist, dass Sie sich für 1 max. 2 Gegenstände entscheiden und diese dann auch immer dabei haben. Und wenn irgendwie möglich, sich an derselben Stelle befinden z.B.:

- rechte Hosentasche
- recht Jackentasche
- rechte Manteltasche
- rechte Gesäßtasche
- Brusttasche

Aber auf keinen Fall in der Handtasche, dem Rucksack oder Innentaschen von Jacke und Mantel.

Das wäre dann sozusagen ihre "Standardausrüstung" für jede Gelegenheit.
Die können Sie immer dabei haben, egal ob im Sommer am Strand, der Bar, an öffentlichen Plätzen, Kneipen oder Events.
Und für was immer Sie sich auch entscheiden mögen, üben Sie, wie sie es verwenden können. Das Handy können Sie z.B. wie ja schon beschrieben zum stoßen und schlagen verwenden (Schläfe, Hals, Kehlkopf, Nase, Augen).

Nun kann es aber vielleicht auch Bereiche geben, wo Sie sich aufhalten müssen, die eher unsicher sind. Diese kennen Sie und Sie wissen auch wann Sie sich dort aufhalten. (*Bahnhof, soziale Brennpunkte, Kneipenviertel, öffentliche Verkehrsmittel einsame Straße, Heimweg in der Nacht etc.*).

Wenn Sie sich für solche Fälle präventiv "bewaffnen" möchten, dann ist das nachvollziehbar. Sie dürfen dabei aber nicht nur den positiven Effekt im Auge haben (*Sie können sich besser schützen*), sondern Sie müssen auch die möglichen Risiken kennen und sich dementsprechend verhalten.
Dazu gehört, dass Sie die "Waffe" wie im Schlaf bedienen können. Sie kennen die Risiken für sich und den Angreifer und wissen auch, wann die "Waffe" eingesetzt werden darf und wann nicht.

Was viele Menschen nicht wissen. Sobald Sie eine andere Person verletzen, sei es in Notwehr oder aus anderen Gründen. Die Staatsanwaltschaft eröffnet immer ein Verfahren. Dort wird dann festgestellt, ob wirklich eine die Notwehr rechtfertigende Situation gegeben war. Wenn ja, wird auch immer geprüft, ob die "Verhältnismäßigkeit" beachtet wurde.

"Wenn Sie also als "Idiot oder Schlampe" bezeichnet werden und dann ihrem gegenüber einen Elektroschocken an den Hals halten, haben Sie ein Problem."

Ich will nicht davon abraten ein Pfefferspray, die Gaspistole oder einen Elektroschocker mit sich zu führen und im Notfall auch einzusetzen. Sie müssen nur die Möglichkeiten, Risiken und gesetzlichen Vorschriften kennen. Ansonsten sind Sie nachher der Täter.

Für Gaspistolen und Elektroschocker gilt einheitlich. Alle müssen das PTB Prüfzeichen haben. Ansonsten sind sie in Deutschland nicht zugelassen. Mit entsprechenden rechtlichen Konsequenzen. Nachfolgend werde ich Pro und Contra darstellen und was bei der Verwendung besonders beachtet werden sollte.
Weder Pfefferspray noch die Gaspistole oder der Elektroschocker ist die optimale "Waffe" für alle Fälle. Neben den reinen Fakten ist auch ihr Bauchgefühl wichtig und was Sie einfach und fehlerfrei handhaben können.

Egal was für eine "Waffe" oder Gegenstand Sie mit sich führen. Er ist völlig nutzlos wenn Sie überrascht werden und der Angreifer plötzlich und unerwartet direkt vor ihnen steht oder Sie von hinten überrascht. Deshalb gelten, auch wenn Sie eine "Waffe" dabei haben, immer die gleichen fundamentalen Grundregeln, wie bei der waffenlosen Selbstverteidigung:

Aufmerksamkeit und Distanz

9.1 Pfefferspray und CS-Gas Spray

Pfefferspray oder CS-Gas Spray?
Pfeffer-Spray ist das effektivere Abwehrmittel. Deshalb sind in Deutschland Pfeffersprays aber auch nur zur Tierabwehr zugelassen. As diesem Grund wird in allen Shops weiterhin CS-Gas als wirkungsvolle Alternative verkauft. In einer berechtigten Notwehrsituation ist der Einsatz von Pfefferspray gegen Menschen aber zulässig. Auf dem Pfefferspray muss vermerkt sein: "**Nur zur Tierabwehr**". Fehlt diese Information, dann ist es in Deutschland nicht zugelassen.

Breitstahl:
Ist durch seinen Sprühnebel zur Abwehr mehrerer Angreifer auf kurzer Distanz geeignet. Ein genaueres Zielen ist nicht notwendig.

Weitstrahl:
Eignet sich durch seinen gebündelten Strahl auch für die Abwehr auf größere Distanzen. Weniger windanfällig da der Strahl stark gebündelt ist. Es muss aber auch genauer gezielt werden.

Gel:
Es hat fast die gleichen Eigenschaften wie ein Weitstrahlspray, ist jedoch zähflüssiger. Dadurch haftet es besser an der getroffenen Stelle. Wird vom Wind also nicht weggeweht. Ist dadurch am effektivsten. Genaues Zielen ist aber erforderlich, da der Strahl recht dünn ist.

Schaum:
Eignet sich sehr gut für geschlossene Räume. Es verteilt sich nicht wie der Sprühnebel im Raum. Sie können also nicht selber getroffen werden oder laufen in den Sprühnebel hinein. Es haftet sehr gut an der Haut und hat somit eine lange Wirkungsdauer.

Pfefferstrahl Schussgeräte
Durch einen pyrotechnischen Treibsatz wird der Reizstoff Oleorisin Capsicum (OC) mit sehr hoher Geschwindigkeit (etwa 120 m/s) treffsicher auf bis zu 7 Metern verschossen. Aktuell gibt es nur einen Hersteller in der Schweiz, der entsprechende Produkte verkauft. (JPX Jet Protector) Extrem

wirkungsvoll. Wird auch von Spezialkräften eingesetzt. Aber auch recht teuer. Es gibt Geräte, die bis zu einer Entfernung von 3m einsetzbar sind und welche für bis zu 7m.

zu beachten

- Wählen Sie die Produktvariante, welche am besten ihre persönlichen Erwartungen erfüllt. Erwarten Sie potentielle Bedrohungen primär draußen, dann macht ein Schaum oder Breitstrahl Spray keinen Sinn.
- Nehmen Sie nicht zu kleine Füllmengen, sonst haben Sie nach dem ersten "Schuss" ihr Pulver verbraucht.
- Nehmen Sie ein Spray mit Befestigungsclip. Das können Sie einfach an der Hose oder einem Rock befestigen. Praktisch beim Joggen.
- Es muss einfach und sicher zu bedienen sein.
- Verwenden Sie keine Schutzhülle für das Spray. Die Sie dann am Gürtel befestigen. Bis Sie ihr Spray da raus gefummelt haben, ist schon alles vorbei.
- Falls Sie jemand kontrolliert und fragt, warum haben Sie Pfefferspray dabei? Antwort:
" Ich habe Angst vor Hunden. Wurde schon mal angegriffen".
- Zeigen Sie auf keinen Fall einem Angreifer ihr Spray oder drohen ihm damit.
- Wollen/müssen Sie es benutzen, dann schnell und ohne Vorwarnung.
- Beim sprühen, linken Arm gestreckt zum Angreifer und mit rechts sprühen. So können Sie noch Distanz halten, falls er ihnen zu nahe kommt.

Hier noch einige Links, wo Sie Informationen zu CS-Gas, Pfefferspray Produkten, als auch Informationen zum JPX Protector finden.

http://www.security-discount.com/?gclid=CMDj7aWm360CFUkMtAod7mw17Q

http://kh-security.de/Persoenliche-Sicherheit/?gclid=CJmQvY_1hqwCFcSIDgodDGEa_A#75

http://www.jet-protector-jpx.de/

9.2 Gaspistole/Revolver

Hier haben Sie die Wahl zwischen Pistole oder Revolver und verschiedenen Kalibern wie 6mm, 8mm und 9mm Kaliber. Die Waffen müssen das PTB Prüfzeichen haben, ansonsten sind sie illegal.
Gaspistolen sehen aus wie scharfe Waffen, haben aber lange nicht die Qualität. Wenn sie lange nicht benutzt wurden, evtl. verschmutzt oder leicht korrodiert sind, kann es zu Fehlfunktionen kommen. Gerade dann wenn Sie gebraucht wird.

Bei einem Revolver haben Sie dieses Problem nicht. Funktioniert immer.
Sofern nicht eingefroren oder fest gerostet. Hat zwar "nur" 5 oder 6 Schuss in der Trommel, das sollte aber eigentlich reichen.
Bei der Munition ist 9mm empfehlenswert. Je kleiner das Kaliber, umso weniger Reizgas ist in der Patrone.

Merkmale

- Pistole oder Revolver wirken abschreckend, auf den ersten Blick.
- Wenn der Angreifer sich aber nur ein wenig mit Schusswaffen auskennt, sieht er an der Sperre im Lauf, dass es keine scharfe Waffe ist.
- Drohen mit der Waffe bringt also nichts. Rausholen und schießen.
- Selbst bei dem 9mm Kaliber befindet sich nur eine recht kleine Menge Reizgas in der Patrone. Sie müssen also recht genau zielen und sollten auch nicht weiter als 2 m entfernt sein.
- Aus sehr kurzer Entfernung sind schwerste Augen und Kopfverletzungen möglich.
- Haben Sie die Waffe nicht in der Hand, sondern im Holster. Dann dauert es bis sie schussbereit ist.
- Die Waffe hat ihr Gewicht und eine nicht zu vernachlässigende Größe.

Merkmale

- Dadurch ist sie auch als Schlagwaffe gut zu gebrauchen.
- Entwendet der Angreifer ihnen die Waffe, wird er sie gegen Sie verwenden.
- Außenstehende können Sie schnell für den Täter halten. Insbesondere, wenn der Angreifer unbewaffnet ist.
- Die Polizei wird im Zweifel davon ausgehen, dass es eine scharfe Waffe ist.

zu beachten

- Nehmen Sie eine Waffe, die gut und sicher in der Hand liegt.
- Sie muss einfach zu bedienen sein.
- Kaliber 9mm
- Die Waffe sollte nicht zu schwer sein.
- Sie müssen sie blind bedienen können.
- Die Waffe muss schnell erreichbar sein, ohne Gefummel an der Kleidung.
- Üben Sie einige Male mit Platzpatronen.

http://www.kotte-zeller.de/Schreckschusswaffen.htm?websale8=kotte-zeller-shop&ci=009889

http://www.selbstverteidigung-waffen.de/gaspistole

9.3 Elektroschocker

Auch beim Elektroschocker gilt, nur zugelassen mit dem PTB Prüfzeichen. Im Internet werden leider auch diverse Produkte ohne Prüfzeichen angeboten. Es gibt Schocker mit 100.000 Volt, 200.000 Volt und 500.000 Volt.
Sparen Sie hier nicht am falschen Ende. Wenn ein Angreifer dicke Kleidung oder eine Jacke trägt, werden Sie mit den schwächeren Geräten keine Wirkung erzielen. Es sei denn, Sie drücken es direkt auf seine Haut.
Der nächste kritische Punkt sind die Elektroden. Bei den preiswerten Geräten ist der Abstand teils nur 1-2 cm. Es sollten mindestens 4 cm sein.
Das Gerät muss einen Sicherungsstift haben. Wird ihnen das Gerät entwendet, dann löst sich dieser und der Schocker kann nicht gegen Sie verwendet werden.
im Gegensatz zum Pfefferspray und der Gaspistole ist der Elektroschocker nur für die Nahdistanz geeignet. Sie müssen den Angreifer zwingend berühren. Wenn auf Grund ihres Bewegungsprofils, Sie primär mit Bedrohungen im Nahbereich rechnen, dann ist ein Elektroschocker sicherlich eine bessere Wahl, als eine Gaspistole.
Aber auch hier ist alles entscheidend, dass der Angreifer das Gerät nicht sieht bevor er es spürt.

Merkmale

- Stromstoß < 0,5 Sekunden. Dieser Stromschlag verursacht einen kurzen, schmerzhaften Krampf und erschreckt den Angreifer.
- Stromstoß 1-3 Sekunden. Führt zu einer Muskelverkrampfung und der Angreifer stürzt zu Boden. Kurzzeitig starke Schmerzen. Nach kurzer Zeit ist der Angreifer aber wieder bewegungsfähig.
- Stromstoß 5-5 Sekunden. Bedingt durch Muskelkrämpfe stürzt der Angreifer zu Boden. Er verliert die Orientierung und erleidet einen Schock bedingt durch recht starke Nervenschmerzen.
- Nach einem starken Stromstoß (5 Sekunden) schalten das Gerät für ca. 2 Sekunden ab und kann erst danach wieder eingesetzt werden.
- Die Geräte sind nicht zierlich. ca. 14cm x 5cm X 2 cm und mit Batterien ca. 250 Gramm schwer.

zu beachten

- Nur ein Gerät mit PTB Prüfzeichen
- Möglichst mit 500.000 Volt Spannung
- Nur im Nahbereich verwendbar
- Griffbereit tragen. In der Nahdistanz haben Sie keine Zeit zum suchen.
- Nur ein Gerät mit Gürtelclip wählen.
- Eine "KO" Wirkung ,benötigt einen Körperkontakt mit dem Gerät, von mindestens 2 - 3 Sekunden.
- Und 3 Sekunden können ganz schön lang sein.
- Erzielen Sie wegen zu kurzem Einsatz keine ausreichende Wirkung, ist die Gefahr groß, dass der Angreifer es ihnen abnimmt und gegen Sie einsetzt.
- Nur hochwertige Batterien verwenden und regelmäßig prüfen ob das Gerät noch funktioniert.
- Auf keinen Fall mit dem Gerät drohen.
- Einsetzen oder in der Tasche lassen.

Fazit
Ob Pfefferspray, Gaspistole/Revolver oder der Elektroschocker haben das Potential einen Angreifer abzuwehren. Ob dies gelingt hängt jedoch stark ab von der Art des Angriffs und ganz entscheidend vom Benutzer.
Keines der Geräte ist universell einsetzbar. Und alle Geräte haben auch ihre Risiken.
Sind Sie Kampfsportler, dann ist die Entscheidung leichter, da Sie sich dann für das Produkt entscheiden sollten, womit Sie ihre "Schwächen" kompensieren können.

http://www.security-discount.com/de/Elektroschocker

http://kh-security.de/Selbstschutz/Elektroschocker-mit-PTB/

10. Notwehr

§32 StGB – Notwehr/Nothilfe

(1) Wer eine Tat begeht, die durch Notwehr geboten ist, handelt nicht rechtswidrig.

(2) Notwehr ist die Verteidigung, die erforderlich ist, um einen gegenwärtigen, rechtswidrigen Angriff von sich oder einem anderen abzuwenden.

§ 33 StGB – Überschreitung der Notwehr

Überschreitet der Täter die Grenzen der Notwehr aus Verwirrung, Furcht oder Schrecken, so wird er nicht bestraft.
Überkommt den Verteidiger jedoch eine große Wut über den Angriff und überschreitet er dann die Grenzen der Notwehr, dann ist dies nicht entschuldigt (Gleiches gilt auch für Rache etc.).
Wichtig und entscheidend bei der Bewertung, inwieweit eine Notwehr Überschreitung vorlag oder nicht, ist immer die Verhältnismäßigkeit der Mittel plus Güterabwägung.

§ 34 Rechtfertigender Notstand

Wer in einer gegenwärtigen, nicht anders abwendbaren Gefahr für Leben, Leib, Freiheit, Ehre, Eigentum oder ein anderes Rechtsgut eine Tag begeht, um die Gefahr von sich oder einem anderen abzuwenden, handelt nicht rechtswidrig.
Wenn bei Abwägung der widerstreitenden Interessen, namentlich der betroffenen Rechtsgüter und des Grades der ihnen drohenden Gefahren, das geschützte Interesse das beeinträchtigte wesentlich überwiegt.
Dies gilt jedoch nur, soweit die Tat ein angemessenes Mittel ist, die Gefahr abzuwenden.

§ 35 Entschuldigender Notstand

(1) Wer in einer gegenwärtigen, nicht anders abwendbaren Gefahr für Leib, Leben oder Freiheit eine rechtswidrige Tat begeht, um die Gefahr von sich, einem Angehörigen oder einer anderen ihm nahestehenden Person abzuwenden, handelt ohne Schuld.
Dies gilt nicht, soweit dem Täter nach den Umständen, namentlich weil er die Gefahr selbst verursacht hat oder weil er in einem besonderen Rechtsverhältnis stand, zugemutet werden konnte, die Gefahr hinzunehmen; jedoch kann die Strafe nach § 49 Abs.1 gemildert werden, wenn der Täter nicht mit Rücksicht auf ein besonderes Rechtsverhältnis die Gefahr hinzunehmen hatte.
(2) Nimmt der Täter bei Begehung der Tat irrige Umstände an, welche ihn nach Absatz 1 entschuldigen würden, so wird er nur dann bestraft, wenn er den Irrtum vermeiden konnte. Die Strafe ist nach § 49 Abs.1 zu mildern.

CPSIA information can be obtained
at www.ICGtesting.com
Printed in the USA
BVHW092337290123
657302BV00015B/2426